KINDERGARTEN
SCHWUNGÜBUNGEN

VORBEREITENDE ÜBUNGEN FÜR DAS SCHREIBEN

Urheberrechte © 2020 Dylanna Veröffentlichung

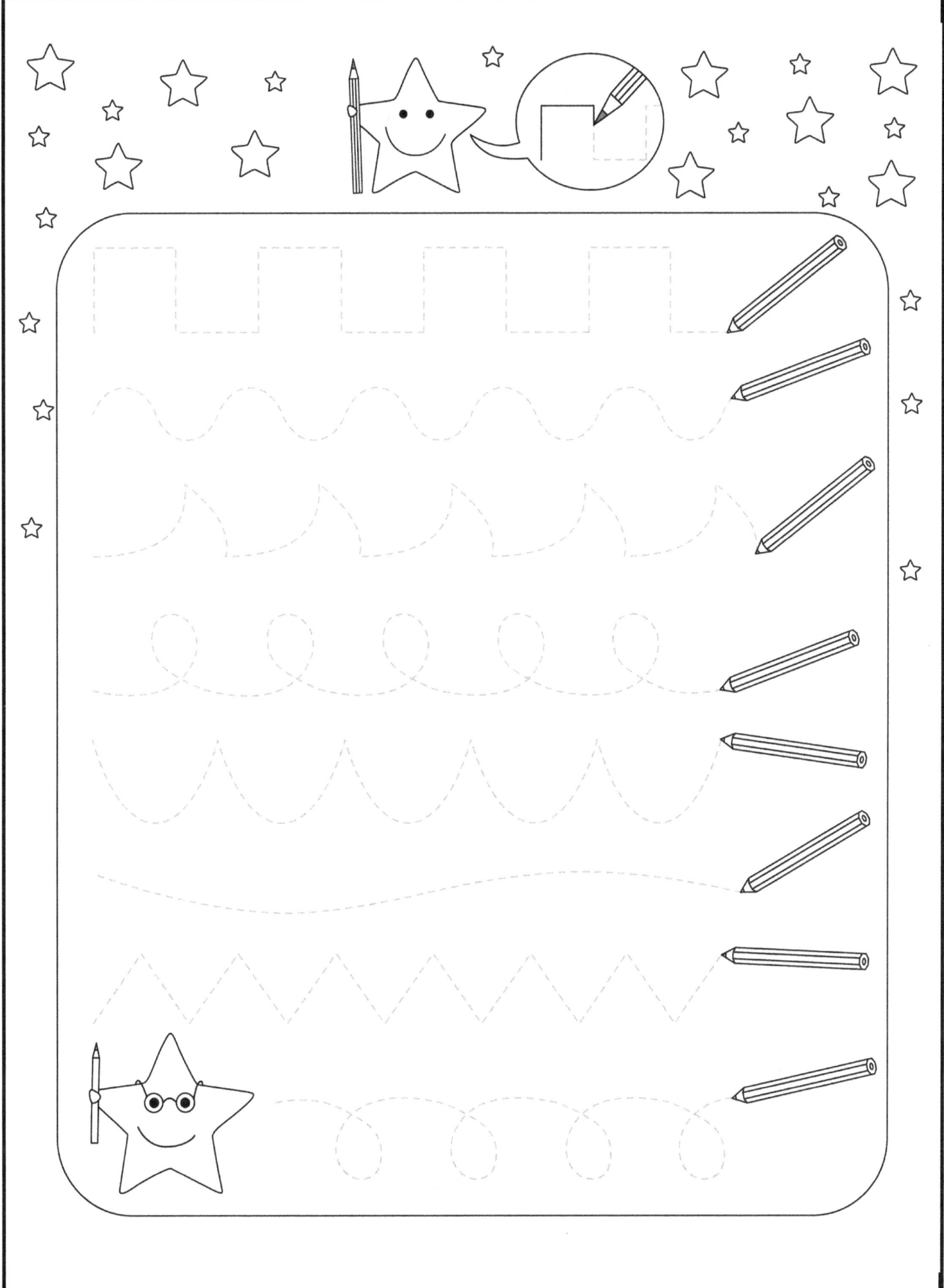

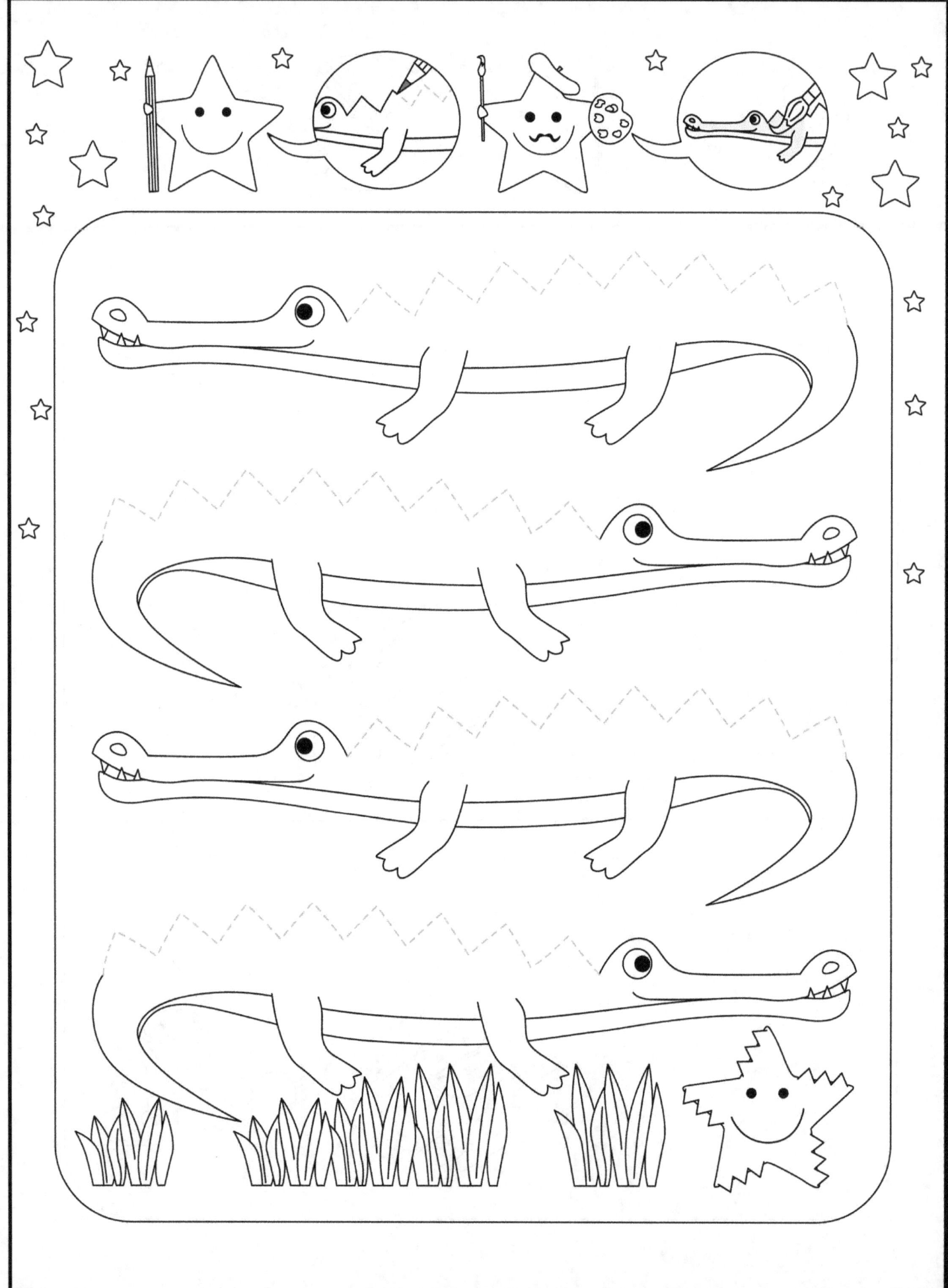

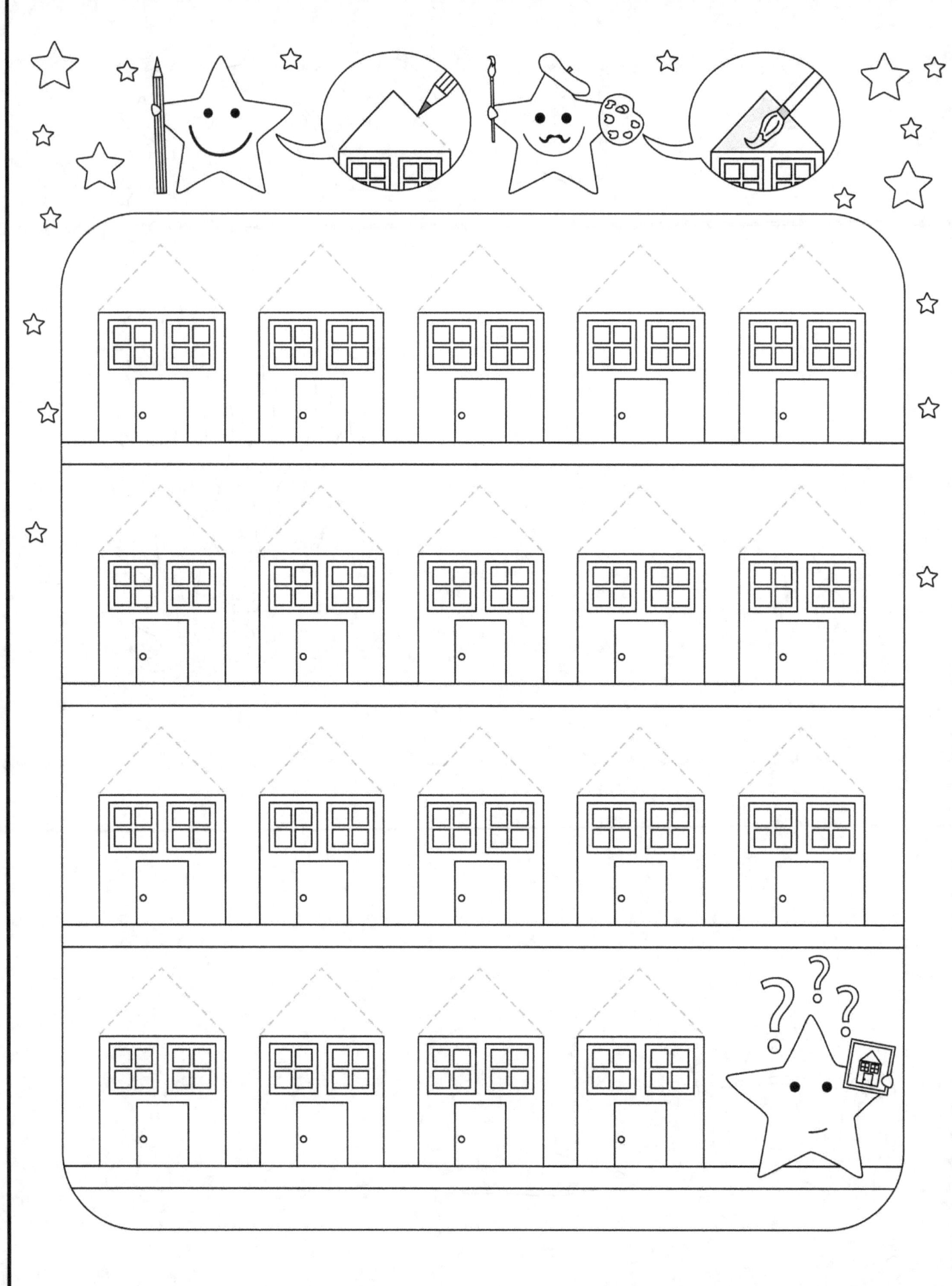

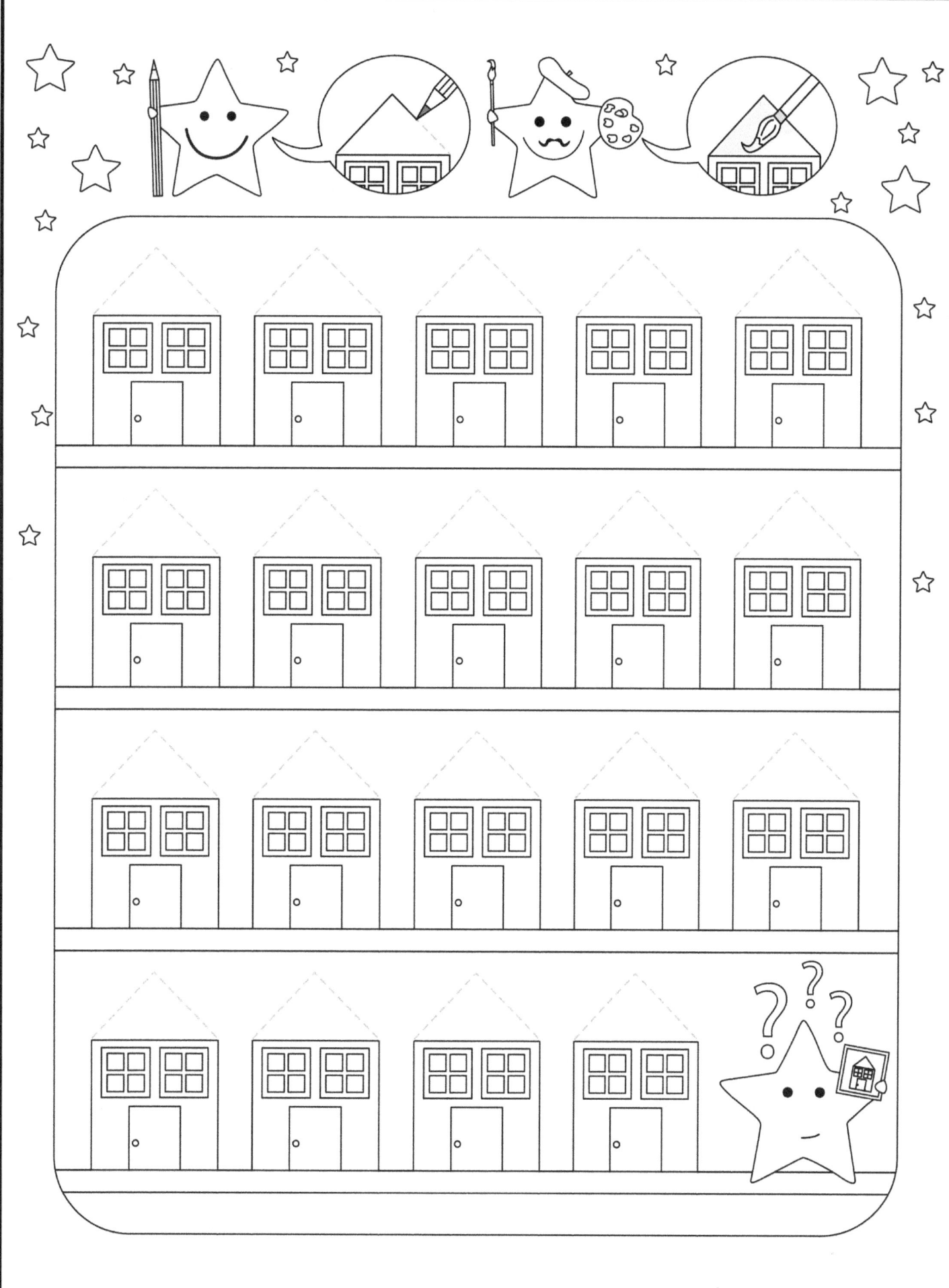

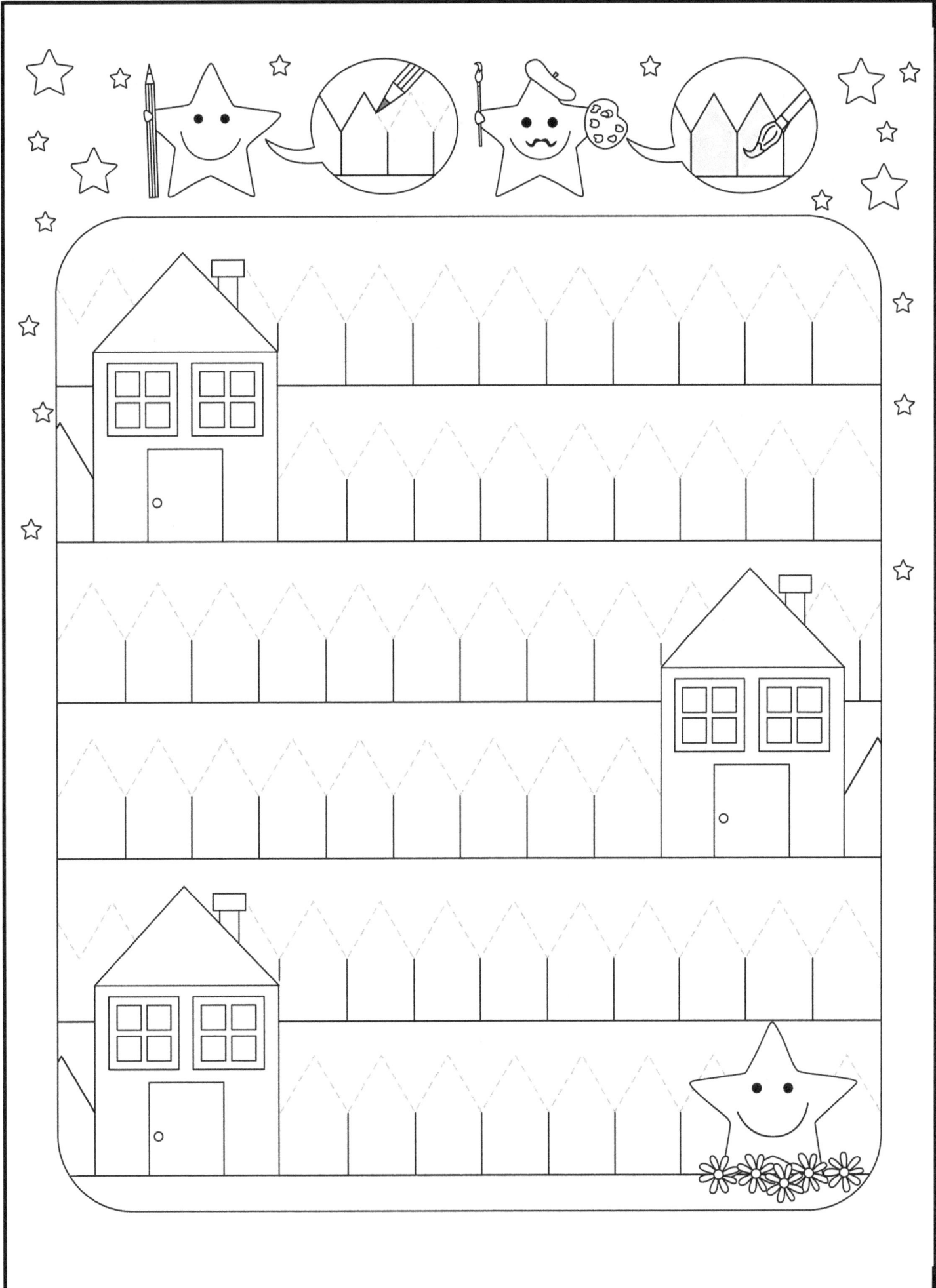

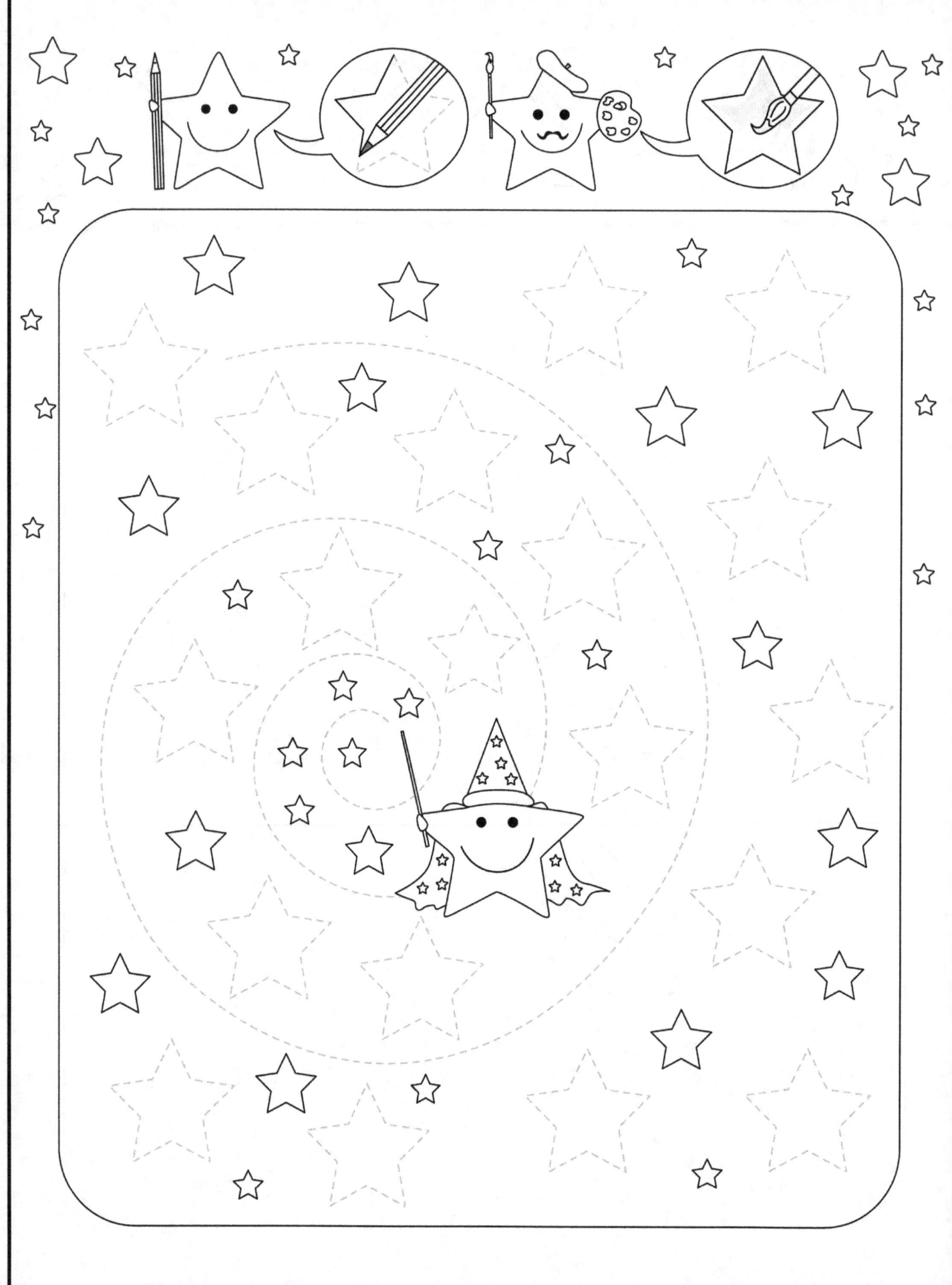

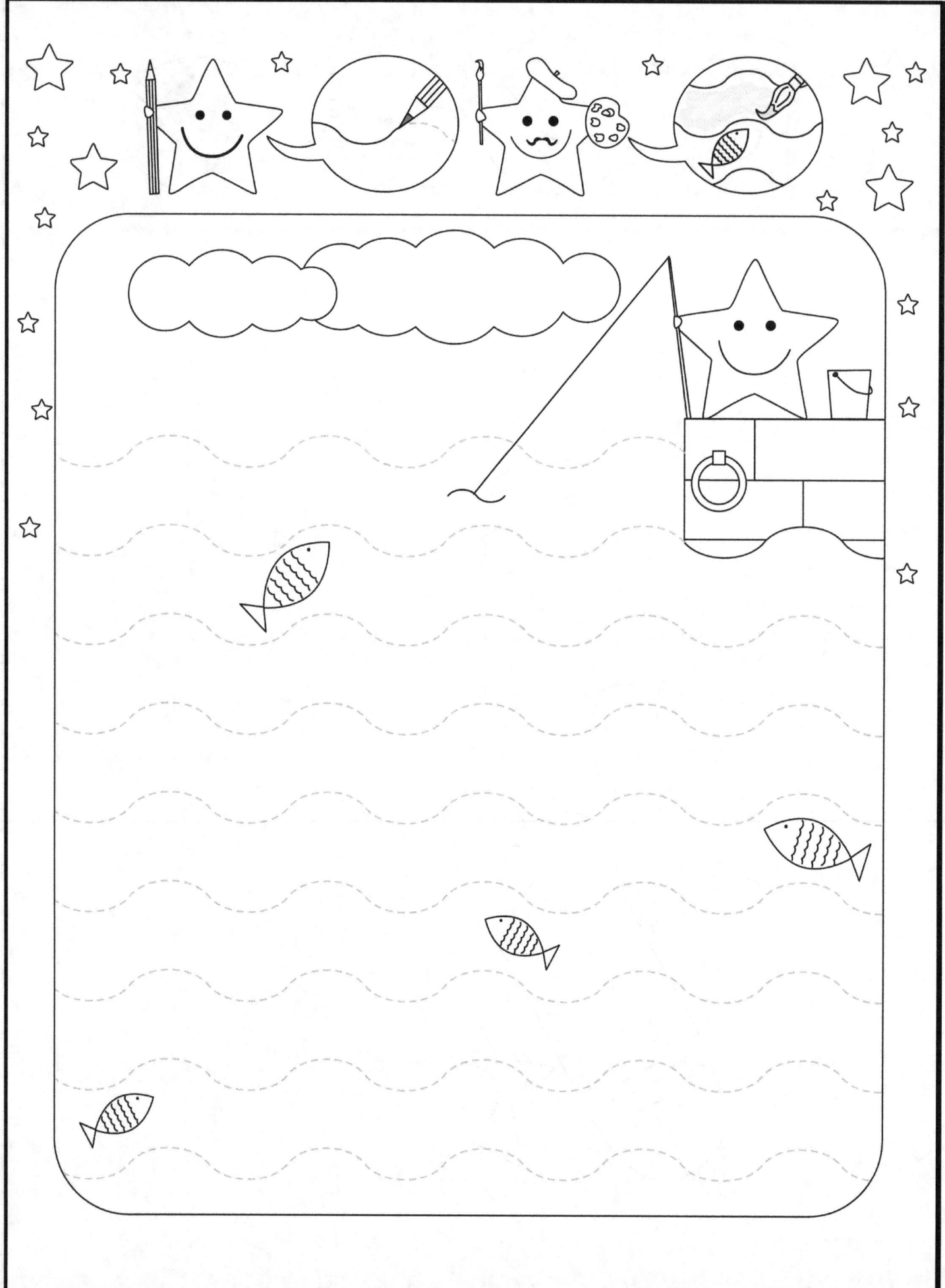

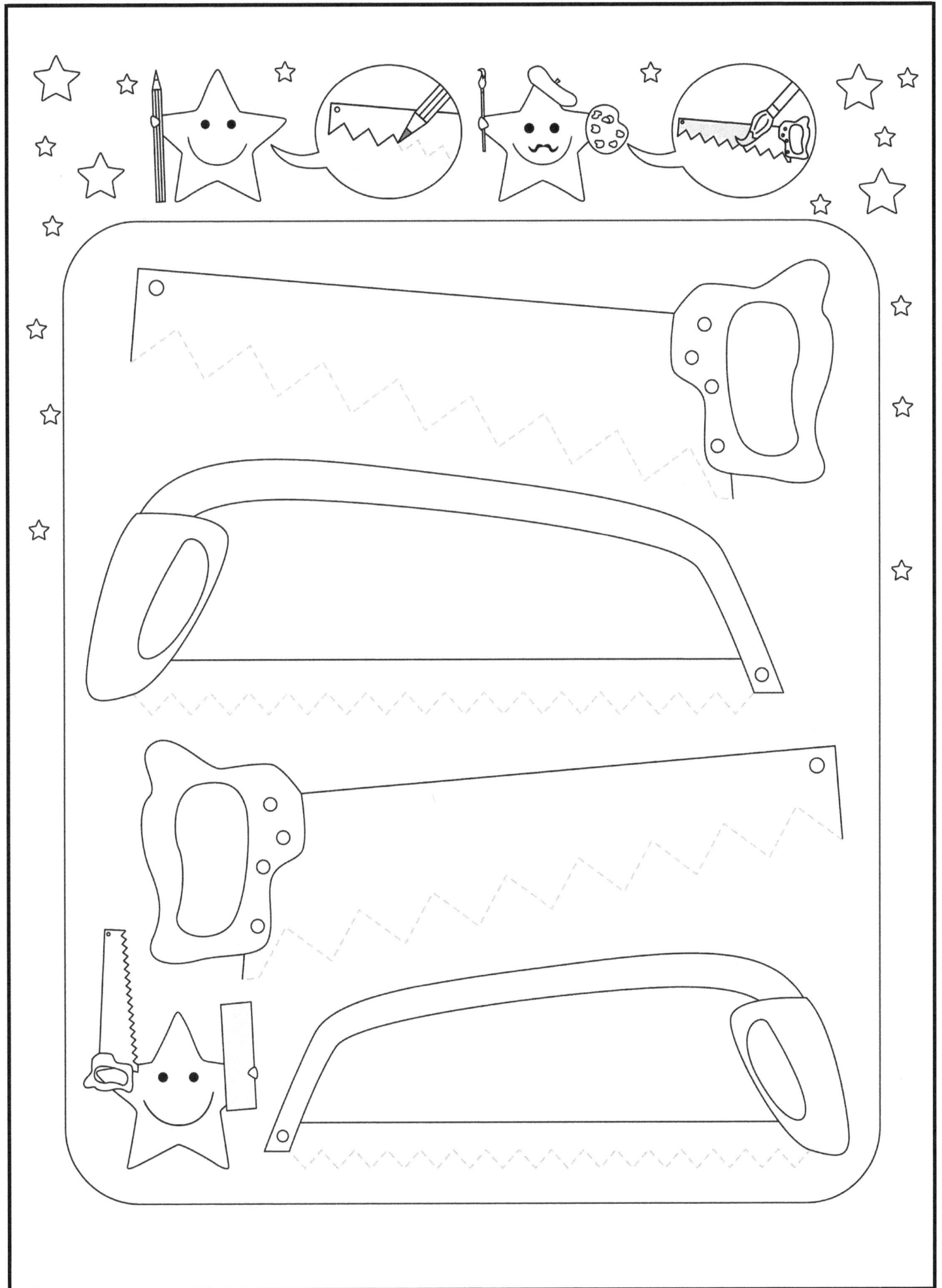

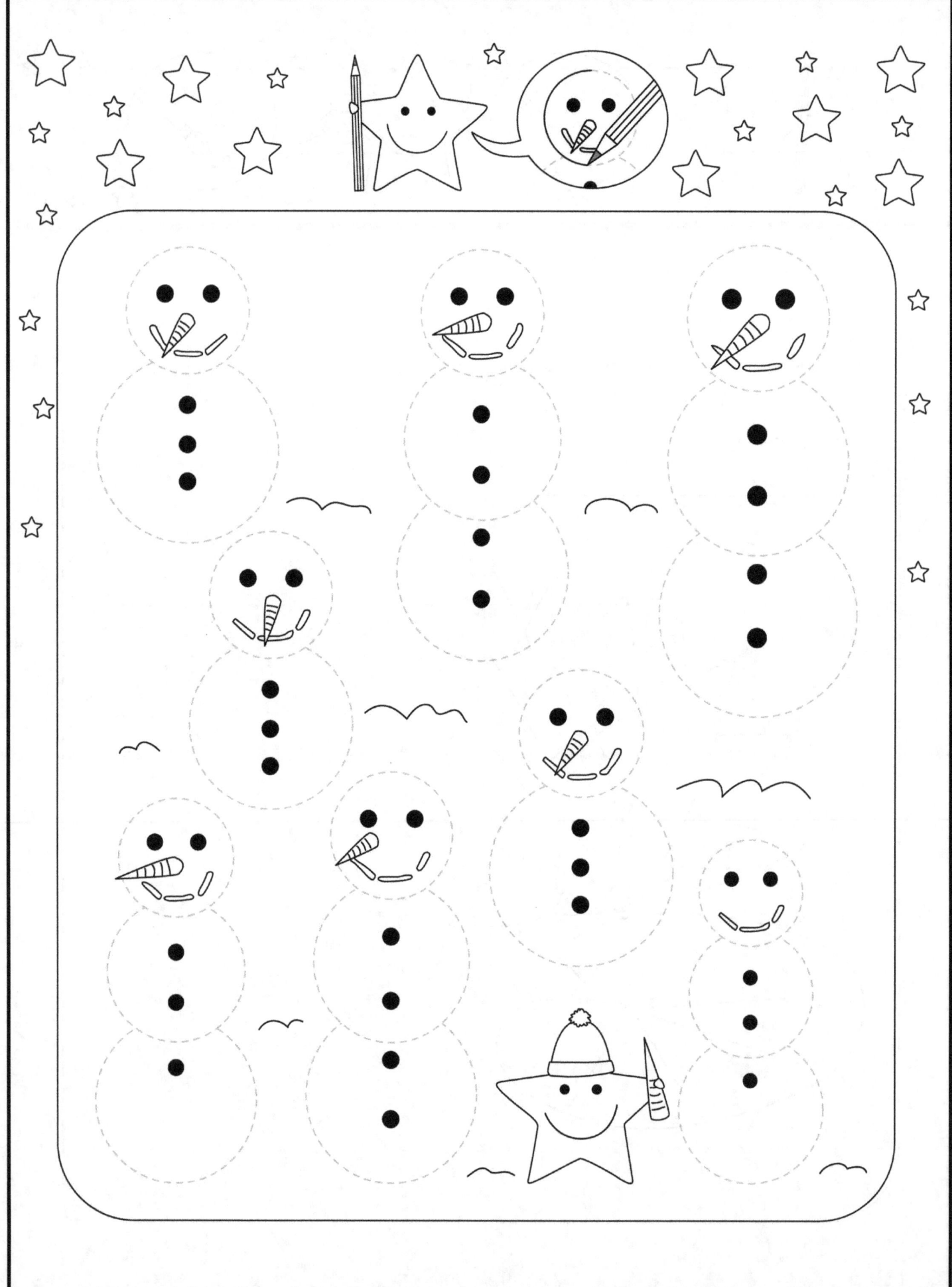

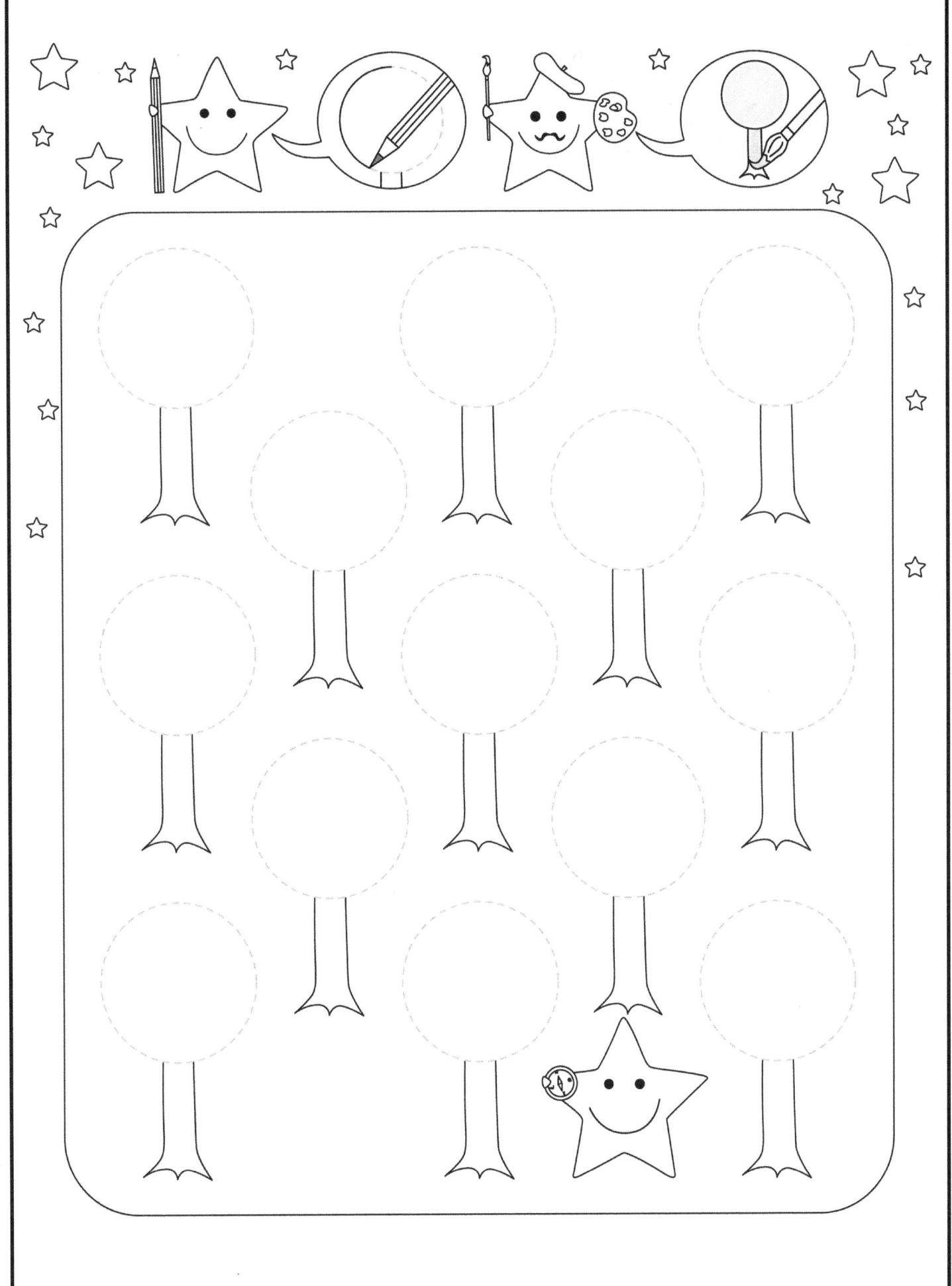

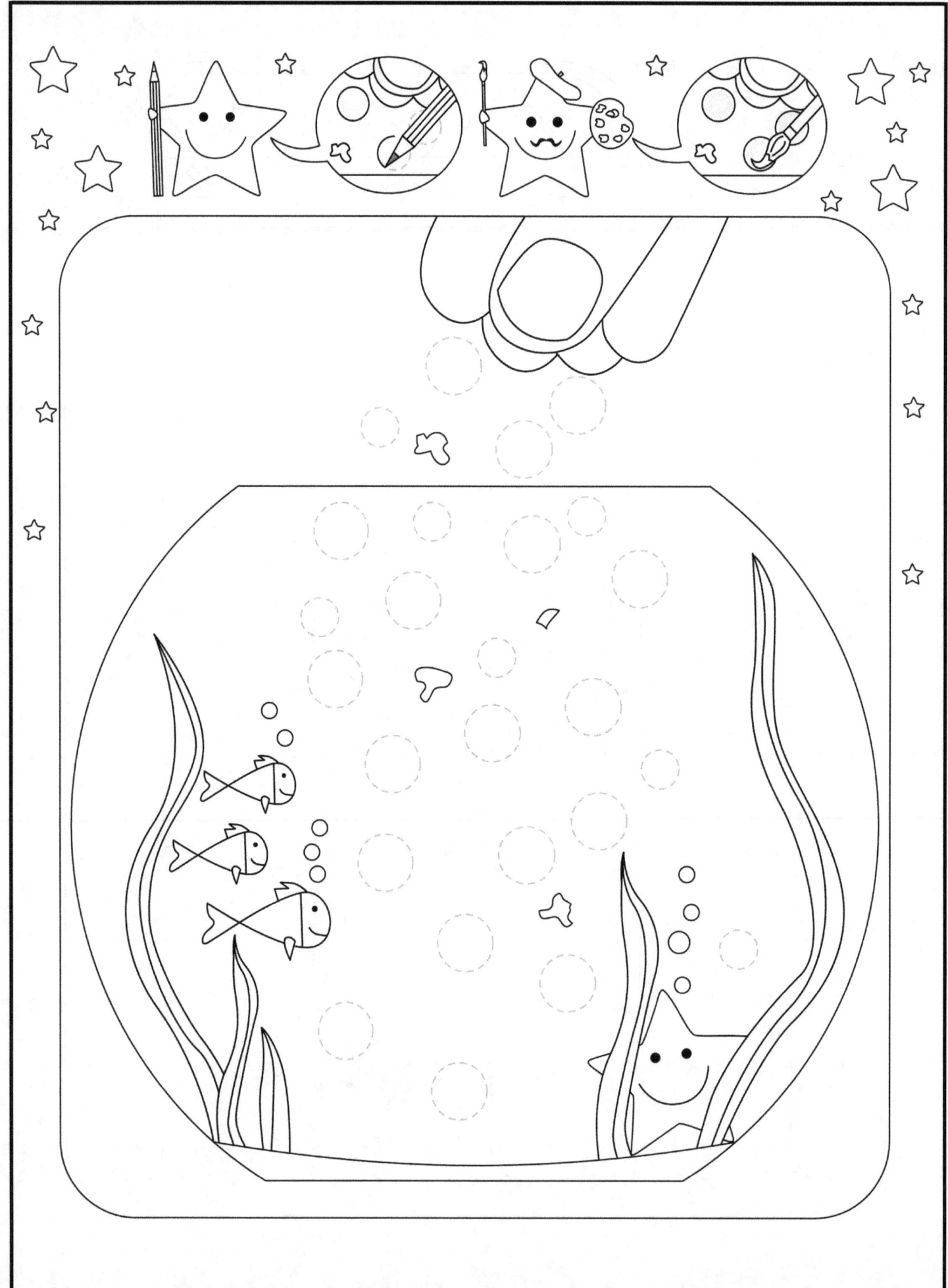

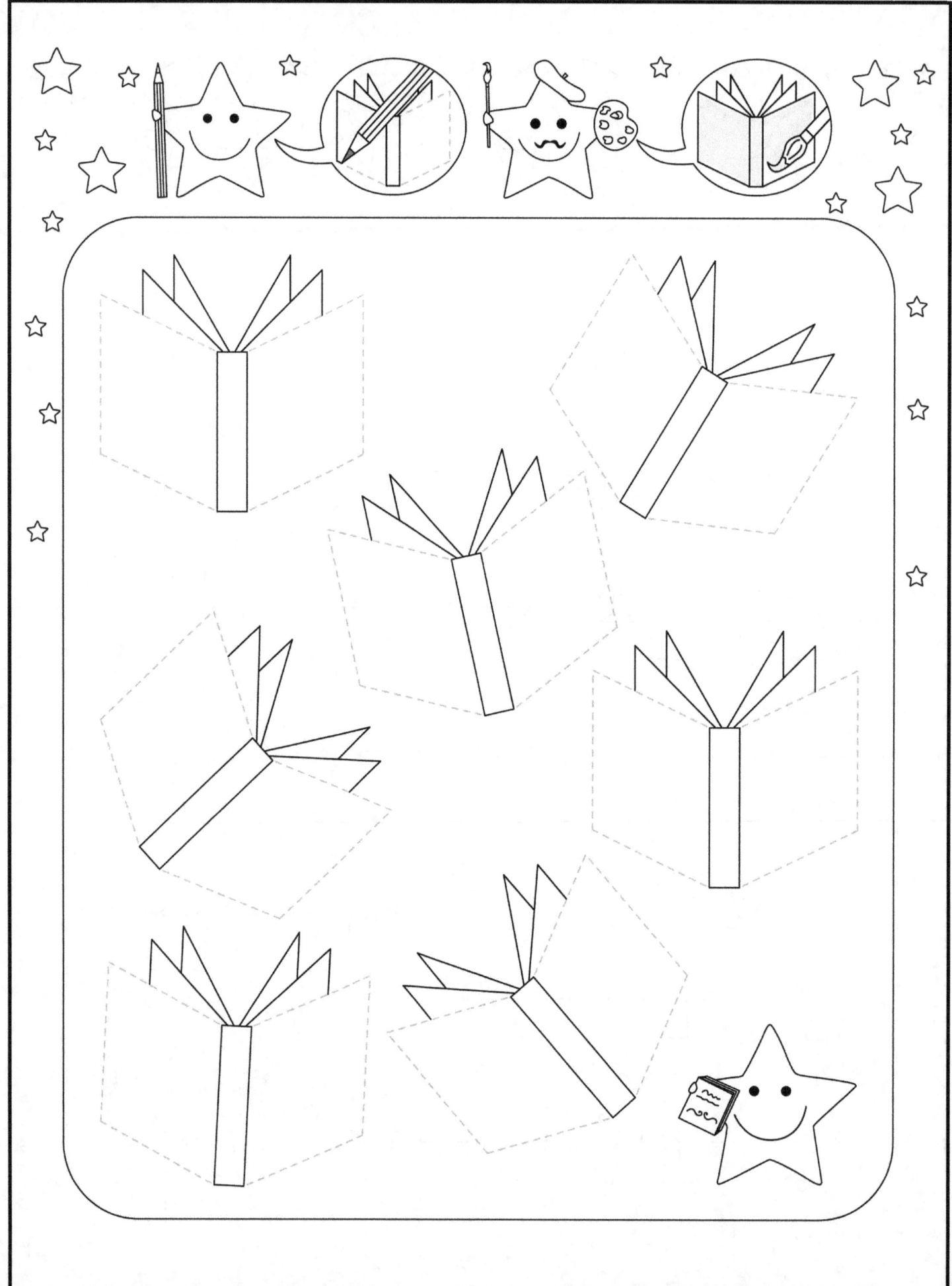

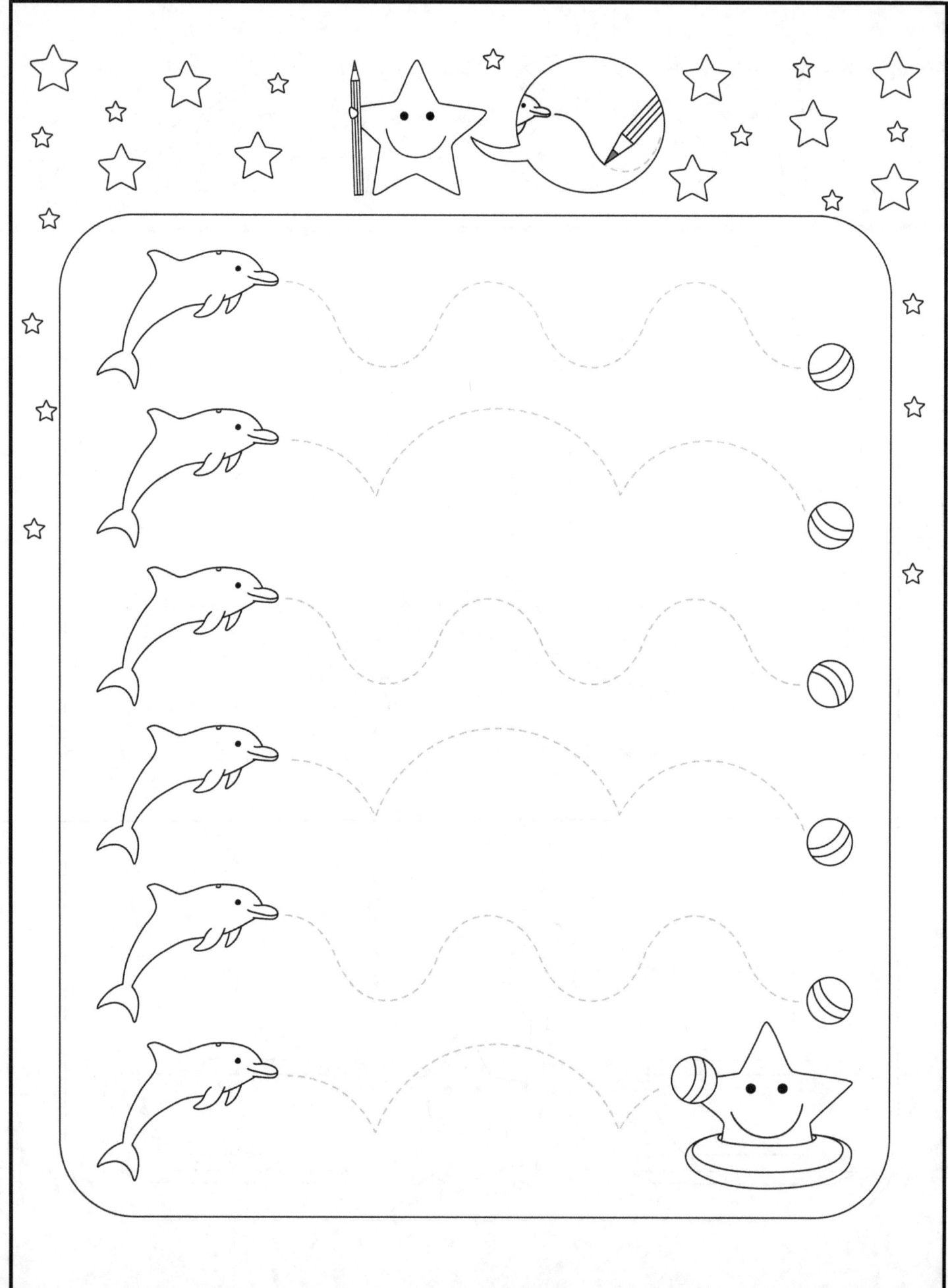

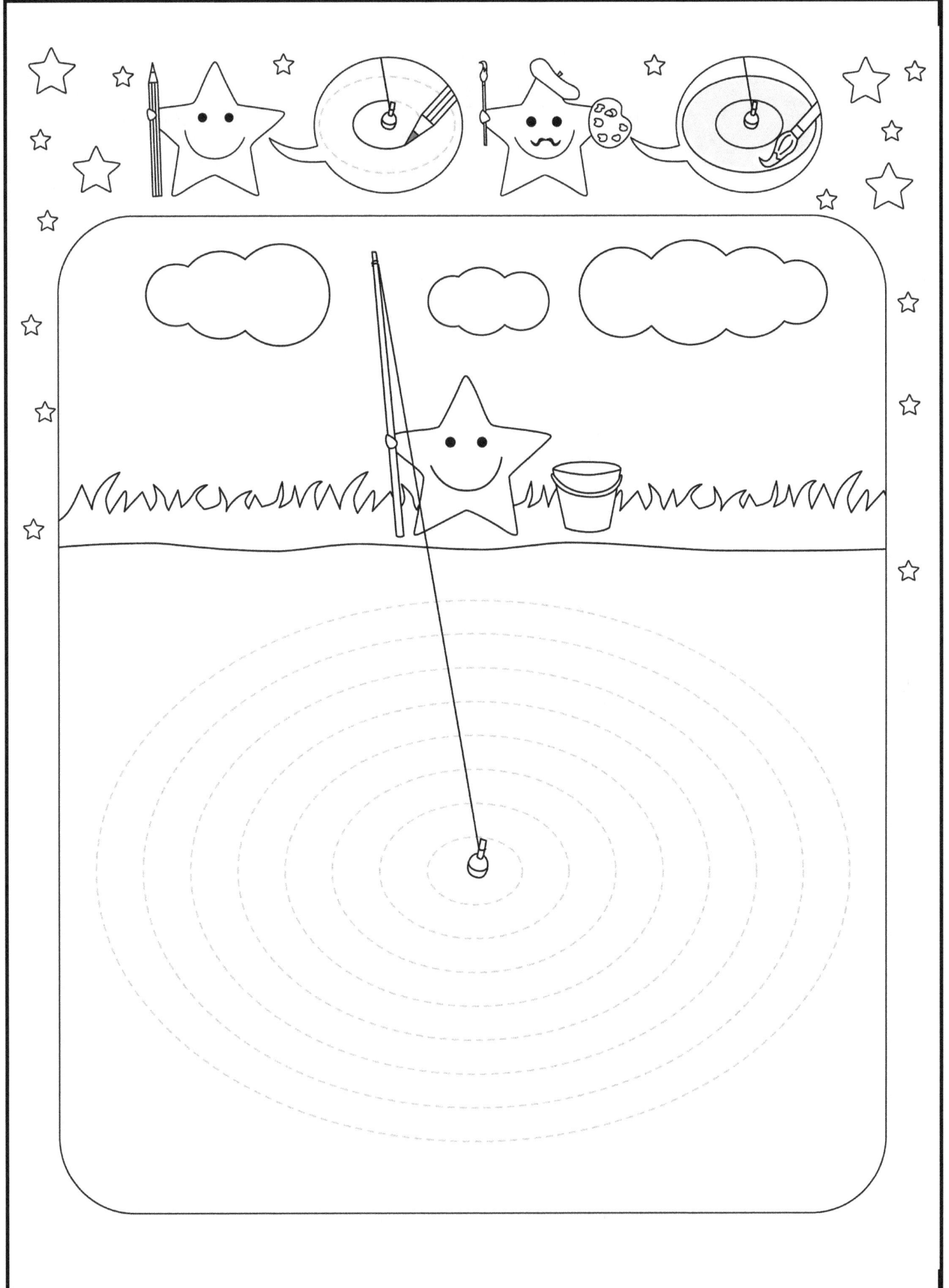

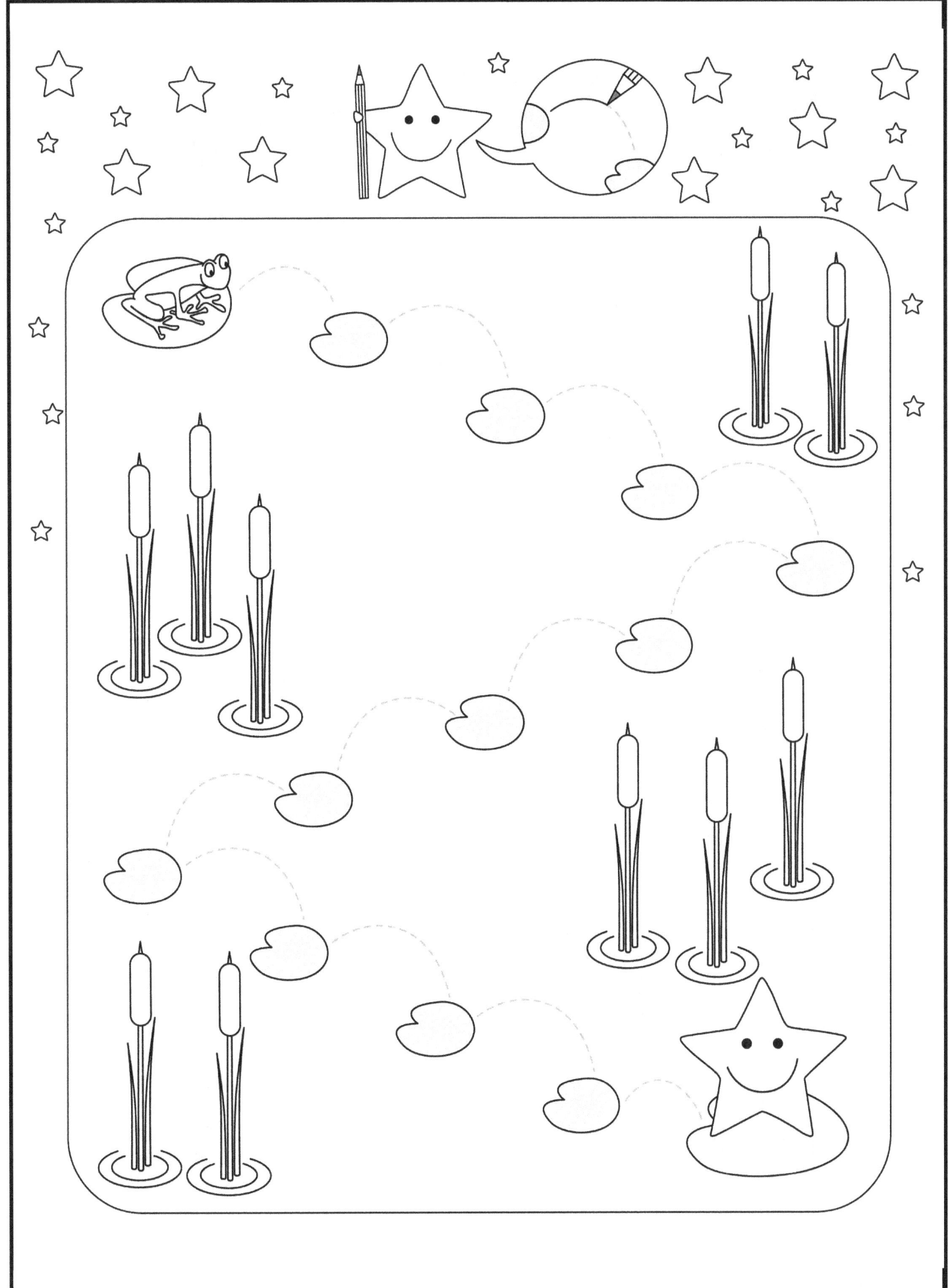

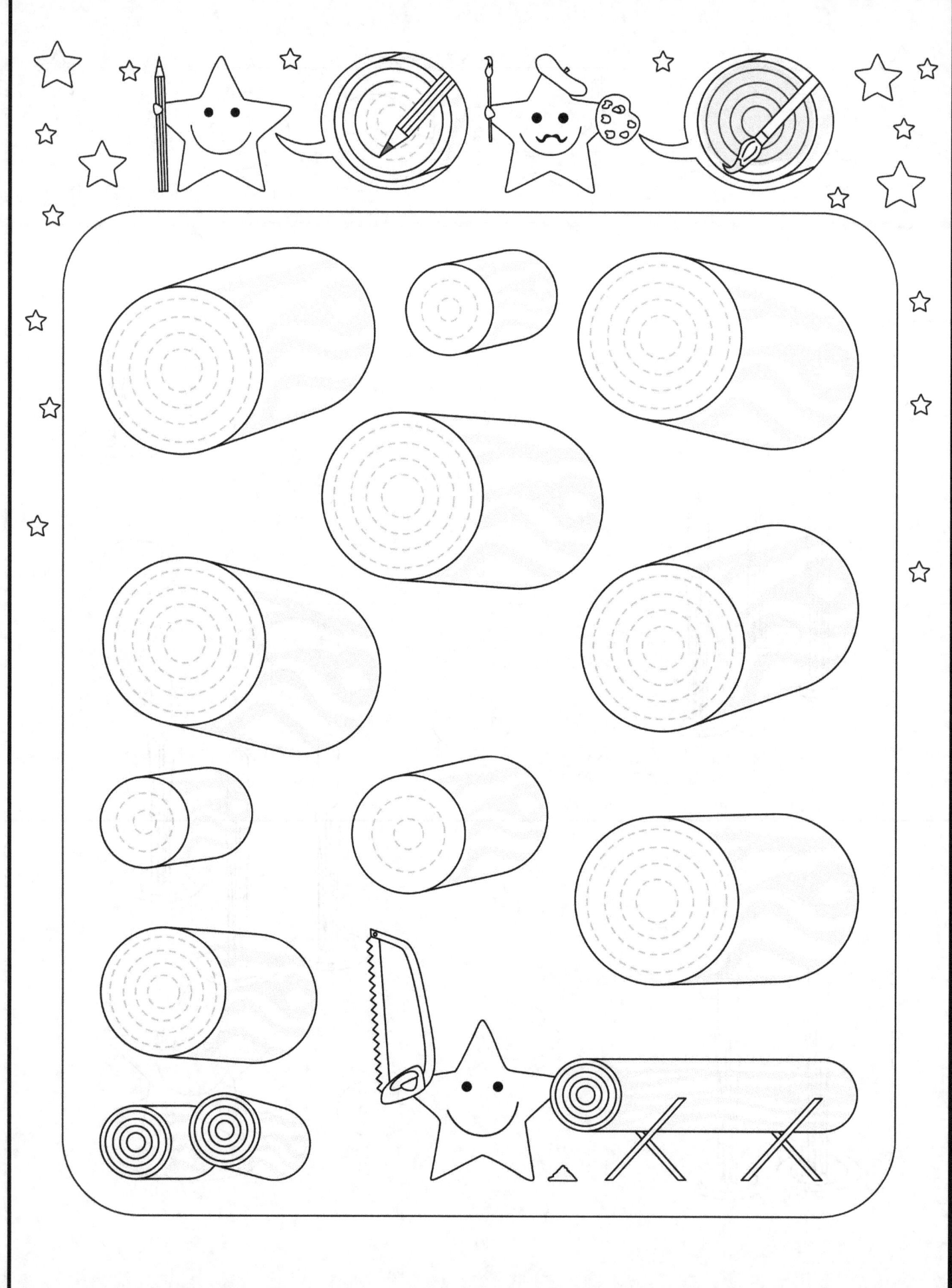

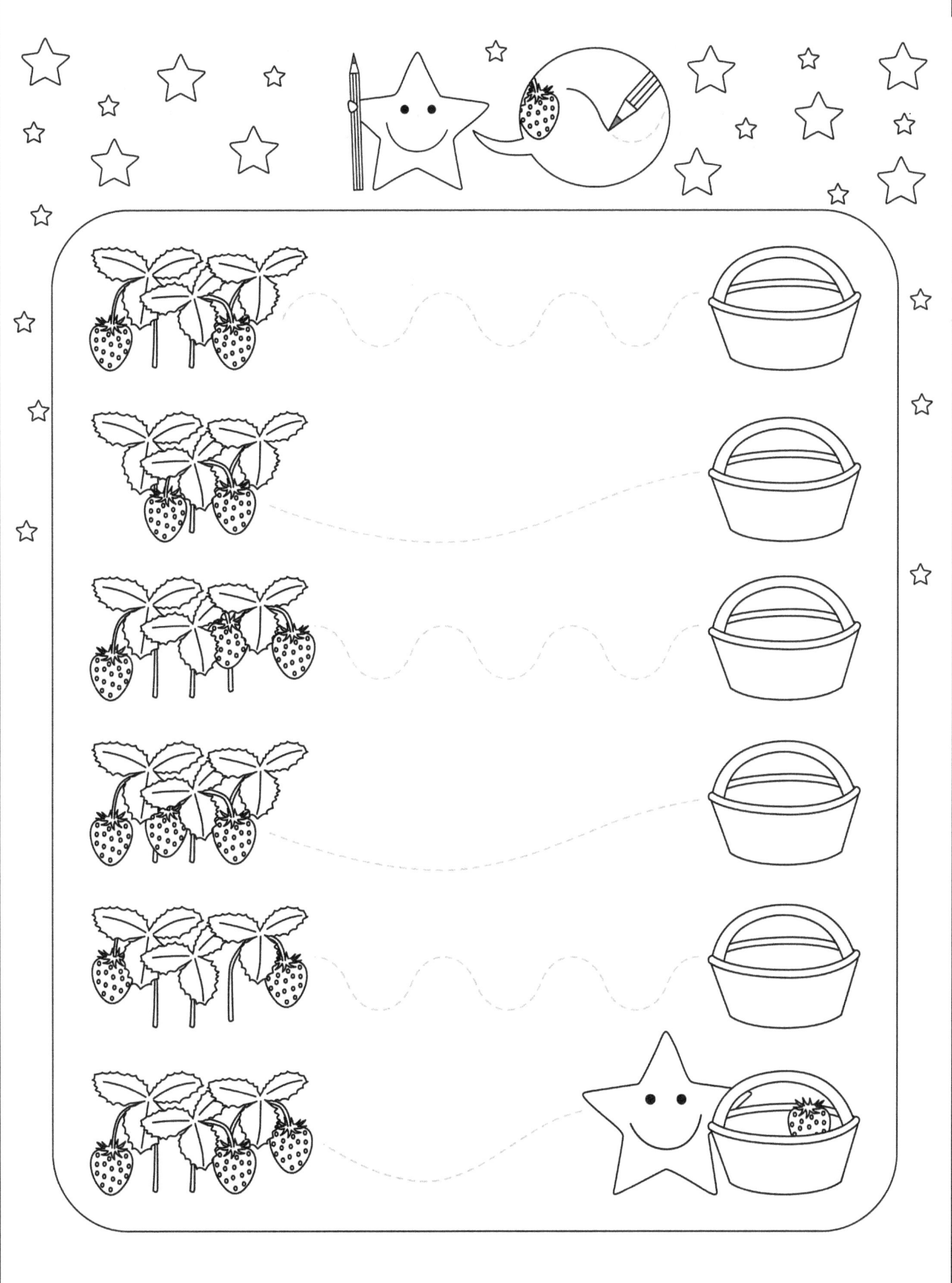

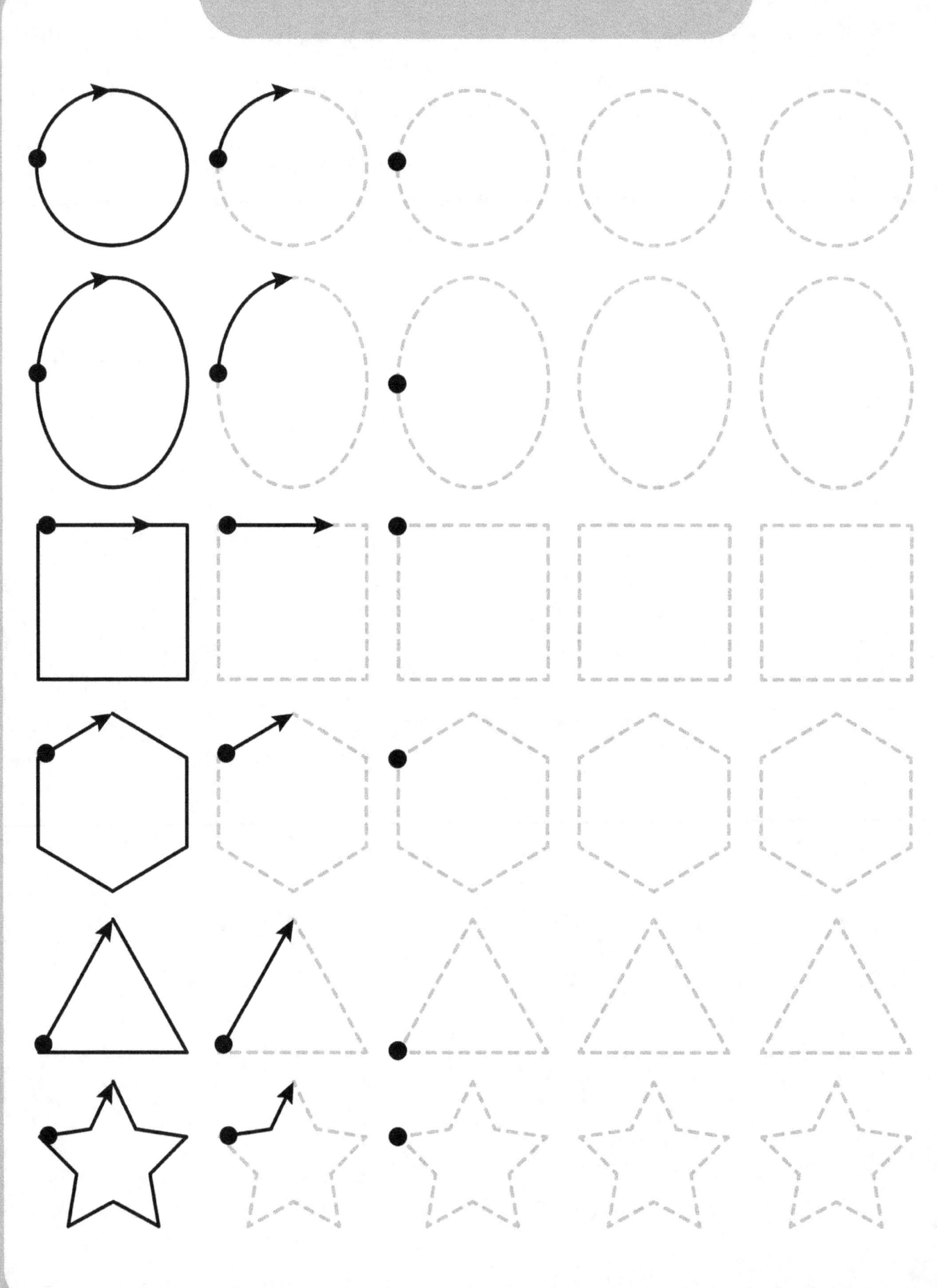

www.ingramcontent.com/pod-product-compliance
Lightning Source LLC
Chambersburg PA
CBHW081126080526
44587CB00021B/3772